Naiem Ahmadinejadfarsangi

Donald Trump: je suis un bâtard

Naiem Ahmadinejadfarsangi

Donald Trump: je suis un bâtard

دونالد ترامپ : من یک حرامزاده هستم

Éditions Muse

Imprint

Cover image: www.ingimage.com

Publisher:
Éditions Muse
is a trademark of
International Book Market Service Ltd., member of OmniScriptum Publishing Group
17 Meldrum Street, Beau Bassin 71504, Mauritius
Printed at: see last page
ISBN: 978-620-2-29783-7

Donald Trump: je suis un bâtard

(دونالد ترامپ : من یک حرامزاده هستم)

Naiem ahmadinejadfarsangi

Table des matières

La légitimité est le fruit de la formation d'une famille

Lorsqu'on se réfère aux traditions et principes islamiques dans la dimension sociale, la famille et la formation de la famille, dont le fruit est la légalité, ont une place particulière dans le système éducatif et la production humaine de la société islamique. En fait, la famille est le lieu où la personnalité et l'identité correctes de l'enfant sont déposées, et il acquiert son identité nationale et religieuse à partir de cette position. Dans une famille islamique, en raison de la foi en Dieu et de la croyance en la religion divine, spontanément et avec peu d'attention des parents, la connaissance de soi, le but de la vie et la responsabilité sont institutionnalisés chez l'enfant. Une personne qui grandit dans un environnement aussi pur est indépendante et a une identité lorsqu'elle atteint la puberté, elle sait qui elle est, quel est son rôle et sa position dans la société. Les mêmes concepts que les familles des années 40 et 50 ont transmis à leurs enfants. En fait, la légalité et la famille comportent de nombreux concepts et significations tels que: la pureté de la génération, l'engagement, la responsabilité, la loyauté, le but et la perfection; Contre les concepts d'adultère ou d'adultère tels que; Cela conduit à la débauche, à l'irresponsabilité, à la paresse, au chaos, à la corruption et à l'oppression. Quelque chose avec lequel la société occidentale est actuellement aux prises et qui a rendu la société occidentale de plus en plus ignorante et corrompue.

La moitié de l'Europe est illégitime

Selon les statistiques officielles des deux centres (IFS) et (STI), qui fonctionnent sous les auspices des Nations Unies, un tiers des enfants d'Europe continentale sont des enfants illégitimes. Selon les statistiques de ces organisations internationales en 2014, 41% des Américains, 57% de la France, 48% du Royaume-Uni et 54%

des Suédois sont nés illégitimes et autres que mariés.

Le monde occidental et le courant arrogant ont réalisé que le facteur le plus important du succès de la révolution islamique et de son endurance est l'élément familial. Par conséquent, il met tout en œuvre pour détruire cet élément important de la vie sociale. L'un des outils importants de l'Occident et l'arrogance des médias. Dans leurs films, ils promeuvent les relations libres, l'adultère, l'homosexualité et la débauche au vrai sens du terme, et le rendent parfaitement naturel et justifié.

Introduire le mariage blanc, soutenir et lancer des courants extrémistes féministes, promouvoir et développer l'industrie du porno, soutenir l'homosexualité et les relations libres et illégitimes sous le prétexte des droits de l'homme, etc., sont tous importants et efficaces pour détruire l'institution sacrée. La transition de la famille est basée sur la légalité. Le chemin que l'Occident a emprunté et tente enfin de corriger et de revenir de ce chemin comporte certainement de nombreuses erreurs, et imiter aveuglément ces questions est le seul résultat de la répétition de l'histoire, et les

Occidentaux conduisent toujours les gens dans la mauvaise direction, qui n'est que le sage du peuple et le langage de la lutte. Ils peuvent améliorer l'itinéraire.

La famille est le groupe social le plus fondamental et le plus important qui forme la base de la société, la famille dans l'Amérique d'aujourd'hui est en déclin et disparaît de plus en plus. Il existe de nombreuses statistiques et analyses dans ce domaine qui confirment cette hypothèse. La structure familiale aux États-Unis, comme dans de nombreuses autres régions du monde, se détériore en raison de facteurs tels que la prostitution, le viol, le divorce, la violence contre les femmes, l'homosexualité, la violence contre les enfants, le commerce du sexe, l'élévation de l'âge du mariage, etc. . Cela cause en soi des problèmes tels que les naissances illégitimes, les avortements, la prostitution des enfants, les familles monoparentales et dépendantes d'une femme et des milliers d'autres problèmes sociaux. Par conséquent, on peut dire que ces questions et questions connexes peuvent être considérées comme l'un des plus grands problèmes de la société américaine.

Briser le tabou sur l'homosexualité est l'un des problèmes liés à la famille. Le concept d '«homosexuel» désigne une personne qui est clairement isolée de la majorité de la population en termes de goûts sexuels et qui est attirée par une personne ou des personnes du même sexe pour satisfaire ses instincts sexuels. Il convient de noter que «l'homosexualité» a été sérieusement envisagée dans les années 1860, et depuis lors, les homosexuels sont de plus en plus considérés comme un groupe distinct de personnes avec certaines perversions sexuelles; L'utilisation du terme «femme gay» est également devenue populaire peu de temps après.

Selon un sondage Gallup du 27 mai 2011, plus de la moitié des Américains (52%) pensent qu'au moins un Américain sur cinq est gay. C'est alors que 35% des personnes ont estimé ce montant à quatre pour un.

Selon les statistiques publiées par pewsocialtrends le 13 juin 2013, environ 51% des Américains sont d'accord avec la liberté de l'homosexualité dans ce pays. Cela montre qu'avec le temps, l'homosexualité ne sera pas rare pour les générations futures et que les soi-disant sociologues et experts sociaux seront institutionnalisés dans la société. Les homosexuels constituant la majorité des personnes vivant avec le sida, le phénomène du sida est souvent discuté parallèlement à la discussion sur les homosexuels. La crise et le problème du SIDA peuvent être considérés comme l'un des résultats et acquis négatifs de l'esclavage et de la rupture des relations familiales.

Par conséquent, on peut dire que la cause de la prévalence généralisée du SIDA est l'esclavage et la négligence dans les relations sexuelles. Il y a peu d'antécédents médicaux de la maladie; Le SIDA, un syndrome d'immunodéficience acquise, a été découvert à la fin des années 1970 et au début des années 1980 et a été rapporté dans les médias à la fin des années 1981. Elle ne cause pas la mort, mais elle provoque un certain nombre de maladies, comme le cancer, qui sont généralement mortelles. Ainsi, le sociologue américain Anthony Giddens, comme de nombreux autres pays aux États-Unis, est influencé par des facteurs tels que la prostitution, le viol, le divorce, la violence contre les femmes, l'homosexualité, la violence contre les enfants, le commerce du sexe et la montée en puissance. L'âge du mariage, etc., diminue et disparaît gravement.

«Les États-Unis sont au premier rang pour le nombre de personnes vivant avec le sida», écrit-il dans son livre Sociology.

Il a ajouté: 22,7 Américains sur 100 000 ont été diagnostiqués avec la maladie. Parmi les homosexuels américains vivant avec le sida, plus de 80% ont été exposés à la maladie par contact sexuel avec leurs homosexuels. La part des Noirs dans ce domaine est supérieure à celle des autres. 30% des personnes vivant avec le sida aux États-Unis sont noires; Cependant, ce taux atteint parfois 53% chez les femmes noires. Au 3 décembre 2013, environ 1,1 million d'Américains vivaient avec le sida, selon les Centers for Disease Control and Prevention (CDC). Cependant, certaines sources estiment ce montant à 2,3 millions du fait que 18% des citoyens ne sont pas au courant de leur maladie. Ces dernières années, un lien étroit entre le sida et la toxicomanie a été découvert. La consommation de drogues à elle seule ne cause pas le SIDA; Cependant, l'utilisation de médicaments vasculaires et injectables ainsi que l'utilisation de dispositifs courants peuvent transmettre la maladie. Dans l'ensemble, la montée de l'homosexualité aux États-Unis et l'enchevêtrement subséquent de ses citoyens et citoyens dans le marais du sida et de la drogue ont conduit à la rupture et à la fragilité de la fondation familiale, qui continueront ce processus dans des crises plus graves dans la société américaine.

La violence contre les femmes et les antécédents de divorce, la violence contre les femmes dans l'institution familiale qui devrait être un refuge et un refuge pour ses membres a une longue histoire aux États-Unis et la violence domestique fait partie de l'expérience de nombreuses femmes qui ont tenté d'améliorer leur cohabitation. . Aux États-Unis, le fait de battre des femmes par des maris, des amis ou des colocataires de sexe masculin est l'un des crimes et des problèmes auxquels les femmes sont confrontées. Certains chercheurs attribuent la gravité de la violence domestique, c'est-à-dire l'utilisation par l'homme américain de sa force physique supérieure pour battre ou maltraiter sa femme, à la culture sociale d'une part et au système économique américain d'autre part. Ils estiment que les pressions psychologiques d'une concurrence féroce sur le marché du travail, associées au manque de sécurité de l'emploi, ainsi que la prolifération du harcèlement violent par les médias, en particulier le cinéma et la télévision, ont conduit à une augmentation de la violence domestique et à une oppression croissante des femmes. Être placé à la maison. Il est clair que dans une famille où sévit la violence et les personnes qui lèvent la main contre leur conjoint, qui considère le centre familial comme leur refuge, pour recourir à la force et aux coups, elles se privent aussi d'une vie chaleureuse et sincère. Lentement, involontairement et par ignorance, il affaiblit les racines de la famille et la prépare à son effondrement. Bien entendu, le petit rôle de la police et des responsables américains dans l'alimentation de ce problème social ne peut être ignoré.

La police et les autorités judiciaires à cet égard adoptent généralement une attitude de non-ingérence dans les conflits familiaux, et fournissent ainsi le terrain pour de plus en plus de femmes sans-abri qui ont été maltraitées, et lorsque la police est sollicitée à cet égard. Ils limitent généralement leur intervention à apaiser l'argument Selon un sondage Gallup du 27 mai 2011, 25% des Américains sont homosexuels. Selon le sondage, plus de la moitié des Américains (52%) pensent qu'au moins un Américain sur cinq est gay. C'est alors que 35% des gens ont estimé ce montant à quatre contre 1. Et ils évitent strictement de poursuivre sérieusement les accusations et les plaintes. C’est ici que non seulement les problèmes et les conflits conjugaux ne sont pas résolus, mais cela rend également l’homme plus audacieux en commettant des violences contre sa femme et ses enfants et, d’un autre côté, la femme opprimée se méfie davantage de la justice judiciaire. Dans ce cas, la femme impuissante peut divorcer ou s'enfuir et devenir corrompue. Cependant, une tentative de suicide peut aussi lui traverser l'esprit comme une sorte de solution. Selon un récent rapport d'Amnesty International, la prévalence de la violence domestique contre les femmes est bien supérieure à celle de maladies telles que le cancer, ainsi que des accidents qui entraînent la mort ou des blessures. Selon l'organisation, environ 30 à 35 pour cent des femmes aux États-Unis sont physiquement battues par leur mari. Cependant, 15 à 20 pour cent de ces femmes ne seront pas à l'abri de la violence physique pendant la grossesse. Bien entendu, le harcèlement peut prendre d'autres formes que la violence domestique ou le recours à la force physique, communément appelé harcèlement sexuel; Le harcèlement sexuel peut être défini comme l'utilisation d'une autorité ou d'un pouvoir professionnel, etc. pour imposer des désirs sexuels.

En février 2013, la Fondation du mariage a estimé le taux de divorce à 39% de tous les mariages. Cependant, les analystes estiment que divers facteurs sont impliqués dans le divorce, notamment: l'infidélité, l'insulte et la destruction de caractère par le couple ou l'un des époux, la violence physique, l'incompatibilité, le manque d'intérêt, les attentes non satisfaites, Dépendance et ainsi de suite. La violence contre les enfants et la maltraitance des enfants Les enfants sont le troisième pilier de la famille après que les parents et les enfants sont encore plus vulnérables que les femmes; Parce que les enfants, en particulier dans les premières années de la vie, souffrent de vulnérabilités plus graves, et la famille (les parents) peut être le meilleur et peut-être le seul soutien. Maintenant, si Yeganeh commet des crimes, de la corruption, des crimes et des violences contre les enfants, le problème deviendra beaucoup plus aigu. Bien que la maltraitance des enfants soit interdite par la loi américaine, la réalité est tout à fait différente de la loi. La violence dans les écoles américaines est en hausse aujourd'hui.

Selon un récent rapport d'Amnesty International, la prévalence de la violence domestique à l'égard des femmes est bien supérieure à celle de maladies telles que le cancer, ainsi que des accidents qui entraînent la mort ou des blessures chez les femmes. Selon l'organisation, environ 30 à 35 pour cent des femmes aux États-Unis sont battues physiquement par leur mari; Cependant, 15 à 20 pour cent de ces femmes ne seront pas à l'abri de la violence physique pendant la grossesse.

"David Campania" est un chercheur sur les problèmes de la famille et de la violence contre les enfants, ainsi que sur le problème des enfants.

Les abus aux États-Unis ont fait beaucoup de recherches. Il estime qu'un étudiant américain sur quatre souffre de problèmes causés par la violence et la violence dans les écoles américaines. La violence et la drogue menacent désormais le comportement social de 40 millions d'étudiants américains; C'est pourquoi au cours de cette décennie, la lutte contre la violence et la drogue dans les écoles aux États-Unis est constamment étudiée. Actuellement, la pauvreté, la privation et les inégalités sociales sont parmi les principales causes de la propagation de la violence parmi les étudiants. La désintégration de la cellule familiale est la cause de nombreuses tragédies dans la société américaine d'aujourd'hui. Par conséquent, certains chercheurs estiment que la structure de la société américaine est complètement étrangère à la psyché des enfants, et que cette société n'a aucun sens ou but pour les enfants d'une société.

Selon l'entreprise, les revenus annuels de la prostitution des enfants peuvent atteindre 2 milliards de dollars, mais malgré ces sommes énormes, la prostitution des enfants ne semble pas être contrôlée principalement par des réseaux criminels organisés. Selon lui, l'étude de la prostitution des enfants aux États-Unis a montré que la majorité d'entre eux ont participé à de petites opérations dans lesquelles, par exemple, des enfants qui se sont enfuis de chez eux pour une raison quelconque et n'ont pas de revenus se tournent vers la prostitution pour gagner leur vie. Par conséquent, la prostitution des enfants fait désormais partie de l'industrie du tourisme sexuel aux États-Unis.

Selon le Comité national pour la prévention de la maltraitance des enfants, aux États-Unis, le taux de mortalité des enfants vivant dans la rue augmente en raison du harcèlement d'autrui. Selon le rapport, dans un seul État américain (Virginie), les mères sont responsables de la mort de 39% des enfants et les pères responsables de la mort de 18% des enfants. Le Washington Post rapporte que près de la moitié de tous les enfants américains meurent des suites de mauvais traitements infligés aux enfants. Marais de drogue et d'alcool La dépendance à la drogue et à l'alcool est l'un des problèmes les plus importants de l'itinérance qui a non seulement affecté les Américains, mais a attiré l'attention de tout le monde dans le monde comme un problème mortel.

L'année dernière, les actualités de la Journée de la santé ont publié un rapport qui a révélé que la consommation d'alcool et de drogues (en particulier les drogues industrielles et psychotropes) avait augmenté de 15% chez les adolescents américains. La tragédie est si profonde que Bruce Goldman, qui est maintenant directeur des services d'alcool et de drogues, s'est dit préoccupé par la situation actuelle, les conséquences désastreuses de la consommation de drogues et d'alcool à l'avenir et son impact. Il a prévenu les familles. À cet égard, il a déclaré que l’impact de la situation des familles et du type d’éducation parentale a un rôle important à jouer pour attirer les adolescents vers ces opiacés.

Il a en outre considéré le rôle de la génétique et de l'hérédité, les troubles mentaux chez les adolescents, le niveau d'accès aux drogues et à l'alcool, le type d'éducation et de socialisation des enfants et des adolescents à l'école, etc., comme efficaces pour commettre ou non des crimes et la corruption.

Selon le rapport, l'âge moyen des adolescents américains consommateurs de drogues et d'alcool est estimé à 14 et 15 ans, respectivement. D'un autre côté, la consommation d'alcool par les femmes a considérablement augmenté au cours de la dernière décennie.

Récemment, le site d'information de la Journée de la santé a publié un rapport l'année dernière qui a révélé que la consommation d'alcool et de drogues (en particulier les drogues industrielles et les substances psychotropes) chez les adolescents américains avait augmenté de 15%. .

La tragédie est si profonde que Bruce Goldman, qui est maintenant directeur des services d'alcool et de drogue, est préoccupé par la situation actuelle, les conséquences désastreuses de la consommation de drogue et d'alcool à l'avenir et son impact sur Les familles ont averti.

«Le CSPI a publié un rapport révélant l'état désastreux de la consommation d'alcool chez les femmes américaines. Plus de 77% des femmes américaines ont consommé de l'alcool au moins une fois, a écrit le site. En ce qui concerne la toxicomanie (drogues modernes - psychotropes et traditionnelles - drogues naturelles), il convient de noter qu'aux États-Unis, la plupart des toxicomanes utilisent le type de drogue moderne. Ainsi, jour après jour, selon les goûts des consommateurs, différents types de pilules et de gélules psychédéliques sont produits et commercialisés, et la santé des familles et de la société est gravement menacée. Par conséquent, des études montrent que les personnes constamment exposées à l'abus de drogues et d'alcool sont plus susceptibles de commettre des actes de délinquance, des crimes, des violences, des violences verbales, un divorce, etc. La crise de la spiritualité et le vide de sens Bien que les États-Unis soient au sommet du monde économiquement et technologiquement, malheureusement, le gouvernement américain n'a pas été en mesure de travailler pour renforcer la spiritualité de ses citoyens. C'est pourquoi nous assistons jour après jour au vide des églises, et d'autre part, le marché des mysticismes et mysticismes faux et auto-créés devient de plus en plus chaud chaque jour. Il s'ensuit que l'un des enseignements les plus importants des religions célestes, qui insiste beaucoup sur la sanctification de la fondation et du centre de la famille, a été négligé. L'expérience a montré que partout où la paix spirituelle est absente, l'instinct d'acquisition, de pouvoir et de richesse des êtres humains se transforme en horribles créatures, et d'autre part, le critère de mesure des êtres humains dans la société est basé sur des problèmes matériels. Par conséquent, l'homme devient une machine qui ne ressent ni ne sympathise avec son prochain. C'est face à de tels problèmes que le Bureau présidentiel américain de la santé mentale, tout en se déclarant préoccupé par le stress psychologique de ses citoyens, a déclaré que presque aucune famille ne peut être trouvée sans stress. D'un autre côté, de nombreux analystes estiment qu'il existe une relation étroite entre le taux de criminalité et la spiritualité; En d'autres termes, plus une personne ou des personnes ont de spiritualité, moins leur délinquance et leur corruption diminuent, et inversement, plus une personne devient vide et dénuée de sens, plus grand est son potentiel d'être entraîné dans le bourbier des anomalies. Il cherche à éliminer les troubles mentaux et neurologiques que les humains atteignent pour chaque plante pour atteindre la paix, afin qu'ils puissent retrouver leur perte (spiritualité et sens). Un regard sur le nombre croissant de suicides aux États-Unis montre clairement qu'il y a un sentiment de vide dans ce pays.

Les rapports indiquent que 1,12 personne sur 100 est suicidaire. Il peut y avoir une variété de maladies mentales et de schizophrénie qui ont conduit au suicide, mais ce que la plupart des suicides ont en commun est l'absurdité et l'absence de but dans le monde.

Malheureusement, malgré la grande importance des questions immatérielles et spirituelles dans le maintien des fondements de la famille et de la santé mentale de la communauté, l'attention des responsables et des institutions américaines est plus concentrée sur la dimension matérielle. Il est bien plus important et fondamental que les problèmes et les besoins matériels.

Il est devenu courant de voir des gens pleurer la situation familiale aux États-Unis. Ces mots ne sont-ils rien d'autre que des controverses et des slogans? La famille américaine est-elle vraiment en train de «s'effondrer» aujourd'hui? Malheureusement, il existe de nombreuses preuves que la famille américaine traditionnelle est un concept en danger d'extinction. Diverses statistiques montrent que les familles traditionnelles (composées de mari, femme et enfants) et la vie de famille aux États-Unis disparaissent. Un facteur important de rupture de la famille aux États-Unis est la distance entre les jeunes et le mariage. La cohabitation extraconjugale et la «cohabitation» temporaire ont largement remplacé le mariage chez certains jeunes.

Un rapport publié par le Pew Research Center indique que le taux de nuptialité aux États-Unis (le pourcentage de personnes qui se marient entre 18 et 32 ans) a fortement baissé entre les différentes générations et par rapport à la génération silencieuse (1960) 65 Le pourcentage a diminué de 48% par rapport à la génération d'après la Seconde Guerre mondiale (1980) et de 36% par rapport à la génération X (1997) et n'a atteint que 28% dans la génération du millénaire (2013). La baisse du taux de nuptialité aux États-Unis a été sévère et profonde. Actuellement, les jeunes Américains âgés de 18 à 32 ans qui sont mariés sont moins de la moitié (seulement 40% ou plus) des jeunes Américains qui se sont mariés au même âge il y a trois générations (la génération silencieuse).

En outre, «le taux de nuptialité devrait encore baisser dans les prochaines années». «Après des décennies de baisse des taux de nuptialité et de changements dans la structure familiale, la proportion d'adultes américains qui n'ont jamais été mariés est historiquement élevée», note le rapport du Pew Research Center: «Selon une nouvelle analyse du Pew Institute des données du recensement national. disparu. En 2012, un adulte de 25 ans et plus sur cinq (environ 42 millions) n'avait jamais été marié. "En 1960, seulement une personne sur dix (9%) dans ce groupe d'âge n'avait jamais été mariée."

Le pourcentage d'hommes et de femmes américains de 25 ans et plus qui n'ont jamais campé s'est accéléré depuis les années 1970, lorsque le taux était inférieur à 10% pour les hommes et les femmes et se situe maintenant à 23% pour les hommes et 17% pour les femmes. La part de ceux qui n'ont jamais été mariés a plus que doublé en environ quatre décennies. Ces dernières années, le mariage est devenu sans valeur et a perdu sa crédibilité. Selon une étude de Pew, près de la moitié des adultes américains

(46%) ont déclaré que les gens avaient d'autres priorités que le mariage et avoir des enfants, et le même nombre (50%) a déclaré qu'il valait mieux se marier et avoir des enfants. Priorisez. En général, de nombreux facteurs différents ont contribué au déclin du mariage chez les jeunes. «Les adultes se marient à un âge plus avancé, et la part des adultes vivant ensemble et élevant des enfants hors mariage a considérablement augmenté. "L'âge du premier mariage est désormais de 27 ans pour les femmes et de 29 ans pour les hommes, ce qui est plus élevé qu'en 1960, alors qu'il était de 20 et 23 ans". De même, l'abus et l'abus généralisé et immature du divorce inconditionnel ont affaibli la foi de la jeune génération d'aujourd'hui dans le mariage. En raison du divorce inconditionnel facile et de ses conséquences, le pourcentage d'adultes qui n'ont jamais été mariés a fortement augmenté. Le Pew Research Center prédit que peut-être un Américain adulte sur quatre aujourd'hui ne se mariera jamais.

La montée du mariage gay est un autre témoignage de la crise du mariage en Amérique aujourd'hui. Le mariage homosexuel est légal dans 37 des 40 États américains. Dans les deux tiers des États américains où le mariage homosexuel est autorisé, la légalisation de ce type de mariage ne repose sur aucun processus démocratique ni sur une législation légitime, et se fait uniquement par décision de justice fédérale.

Les électeurs de 31 États ont voté pour interdire le mariage homosexuel en vertu d'amendements constitutionnels. De nombreux tribunaux fédéraux ont agi contre ces décisions. Les États-Unis sont allés au-delà de la norme dans la plupart des pays du monde en matière de mariage gay. Actuellement, seuls 17 pays (sur 193 pays indépendants) autorisent le mariage homosexuel - moins de 9% (seulement 8,8%) des pays indépendants de la planète. Au cours des deux prochaines années, deux autres pays, comme l'Irlande, qui l'a fait récemment, autoriseront probablement le mariage homosexuel (Finlande et Slovénie). D'un autre côté, au moins 47 pays (près d'un quart de tous les pays) ont utilisé le langage de la constitution pour interdire le mariage homosexuel. Par exemple, l'article 24 de la Constitution japonaise dispose: "Le mariage ne peut être effectué que sur la base du consentement mutuel des deux sexes et doit être maintenu grâce à une coopération mutuelle avec des droits égaux pour tous les époux ..." De même, l'article 110 de la Constitution lituanienne "Le gouvernement devrait protéger et soutenir le mariage, qui est une union entre un homme et une femme ..." Une autre manifestation majeure de l'éclatement de la famille aux États-Unis est l'explosion de la maternité et de la parentalité illégitime. À bien des égards, ces enfants sont profondément et à long terme privés de nombreux avantages. Par exemple, selon une récente déclaration de Brooklyn (21 mai 2015): Les enfants des orphelinats sont presque quatre fois plus susceptibles d'être pauvres. En 2011, contre 44% des enfants des familles monoparentales, 12% des enfants des couples mariés vivaient dans la pauvreté.

«Les enfants sans père sont exposés à un risque élevé d'abus de drogues et d'alcool», a déclaré le ministère de la Santé et des Services sociaux. Parmi les enfants qui ne vivent pas avec leurs parents, la consommation de drogues est beaucoup plus élevée. Les enfants vivant dans des maisons monoparentales sont deux fois plus susceptibles de se suicider. Parmi les enfants âgés de 7 à 12 ans qui vivent avec au moins un parent biologique, ceux qui ont vécu un divorce, une séparation ou une naissance sans père, une moyenne pondérée cumulative inférieure à celle des enfants qui ont toujours deux parents biologiques. Ont vécu, rapporté. 71% des décrocheurs du secondaire sont des orphelins; Les enfants sans père ont plus de problèmes au niveau universitaire; Obtenez des notes inférieures aux examens de lecture, de mathématiques et de réflexion; Les enfants des orphelinats sont plus susceptibles d'abandonner l'école, plus susceptibles de manquer l'école, plus susceptibles d'abandonner à 16 ans et moins susceptibles de poursuivre des études collégiales ou professionnelles à l'âge adulte.

Donc, malheureusement, la famille s'effondre aux États-Unis, et à mesure que des décisions de justice sont rendues et que des changements sont apportés aux politiques juridiques qui remodèlent la famille américaine, nous devons nous demander quelles sont ces nouvelles lois et politiques. Ils auront un impact sur l'éclatement de la famille en Amérique.

Définition de la famille du point de vue de l'islam

La famille dans son sens le plus étroit est une unité sociale résultant du mariage d'une femme et d'un homme, dont les enfants qui en sont nés complètent. Une autre définition définit une famille comme un groupe d'individus qui se réunissent sous un même toit avec un objectif et des intérêts communs.

L'Islam présente la famille comme un groupe d'individus, dotés d'une personnalité civile, juridique et spirituelle, dont le noyau fondamental est le mariage légitime d'un homme et d'une femme, et le mariage est un mariage sur la base duquel la relation conjugale entre un homme et une femme est établie et derrière elle. Les parties ont de nouveaux devoirs et droits. La parenté naît à l'ombre du mariage; Ses membres ont des relations juridiques, morales et émotionnelles.

La base de la formation d'une famille est qu'un homme et une femme essaient d'accomplir leur volonté en l'établissant et en acceptant les devoirs que la charia leur a prescrits. En conséquence, la famille sera une personne morale dont les membres sont liés par le sang. Les sociologues considèrent la famille comme un phénomène historique qui n'est pas séparé de la communauté en général. C'est une unité sociale qui a également les caractéristiques d'une institution et d'un groupe. Par conséquent, tout en étudiant la famille dans son ensemble, le premier leadership et l'adhésion doivent être considérés à travers les yeux d'une institution et d'un groupe de bénévoles.

L'organisation et ses membres

La première famille se compose d'un homme et d'une femme unis à l'ombre d'un mariage légitime. Son organisation limitée, qui se reflète dans les sociétés industrielles, comprend des conjoints et des enfants qui travaillent ensemble pour faire progresser la destination et les avantages.

Dans la situation de la famille élargie, y compris les conjoints et les enfants et les parents et les parents des oncles et tantes, oncles et tantes, petits-enfants et arrière-petits-enfants, même dans certaines régions du monde comme la

Tunisie, dans certains cas, nous rencontrons des familles qui en plus des conjoints et des enfants Et les parents comprennent les voisins, qui vivent tous ensemble dans un ensemble de bâtiments ou de tentes. Et bien sûr, cela n'est pas surprenant étant donné que les tribus sont du point de vue des familles et certaines d'entre elles pensent tellement au sein du groupe que même le mariage entre membres de la tribu est interdit.

La taille de la famille varie selon les sociétés du monde, dans certaines sociétés la famille est célibataire (aux États-Unis) et dans certaines tribus et communautés primitives, il y a jusqu'à une centaine de personnes, dont chacune est responsable selon les possibilités. Mais en général, ils sont sous la garde du chef de famille. Dans toutes les sociétés, les éléments constitutifs de la famille, l'homme et la femme, se rejoignent sur la base d'un contrat religieux ou coutumier. Cette combinaison devient plus riche, plus forte et progressivement plus complexe avec la naissance des enfants. Le type et le mode de tension sont tels qu'ils prolongent la vie de famille et suscitent l'amitié et souvent la communication entre les membres.

Le rôle et l'importance de la famille

La famille est le seul système social accepté et développé dans toutes les sociétés, religieuses et non religieuses; Et dans différentes sociétés, il a des rôles, des bases et des statuts différents. Bien qu'il s'agisse d'un petit noyau de la société, il a un rôle et une influence considérables dans la vie sociale des gens.

La famille est au cœur de toutes les organisations et institutions sociales. Tous les rôles liés 1- à la création de la civilisation 2- à la transmission du patrimoine 3- à la croissance et à la prospérité de l'humanité y sont liés. Toutes les traditions, croyances et coutumes, caractéristiques individuelles et sociales sont transmises à la nouvelle génération par la famille.

Une société est constituée de familles, ses coordonnées peuvent être décrites à travers les relations familiales. Son effet existentiel bénéfique ou néfaste atteint également la société. Sa construction et sa politique sont efficaces dans l'immobilité ou l'anxiété de la société, la motivation de ses membres influe sur les motivations de la société. Ses manières et son style de vie jouent un rôle important dans la moralité de la société et dans sa santé ou sa maladie.

À notre avis, fonder une famille est un service à l'homme et à la femme qui ont établi un lien de cohabitation, et un service à la communauté pour l'éloigner des causes de corruption et de dérapage et créer un sens des responsabilités, et à l'enfant qui a besoin d'un mentor compétent. Et à l'école et à la religion dont les enseignements prennent vie et continuent ainsi.

Construisez une famille

La construction et la configuration de la famille ont été et sont différentes dans différentes sociétés du passé au présent. Les conditions politiques, sociales, économiques et culturelles l'ont affectée et l'ont modifiée. La construction de la famille se fait maintenant dans les sociétés primitives et civilisées sous forme de monogamie, de polygamie, de polygamie et même dans les sociétés sous forme de polygamie, et dans certaines communautés communales, c'est-à-dire la vie de plusieurs femmes avec plusieurs maris en même temps.

En termes de domination et d'autorité dans le monde d'aujourd'hui et d'aujourd'hui, on peut voir les aspects suivants: patriarcat, matriarcat, système égalisé (dans lequel les parents ont un certain degré d'autorité), règle de l'oncle, ascendance, etc. Aujourd'hui, certaines parties du monde sont dominées par un père ou un mari, bien que dans certains cas le contraire soit observé.

En termes de parenté, les visages maternels et paternels sont visibles. Dans la plupart des régions du monde, les enfants sont généralement appelés noms de famille et pères, bien que dans certaines sociétés anciennes, le contraire soit vrai.

En ce qui concerne la gestion de la famille, dans la plupart des cas, le mari est considéré comme le «chef de famille» et la femme est considérée comme le «directeur interne», ce que nous faisons en Islam en conséquence. Les intérêts généraux de la famille sont décidés par le mari, il prend les décisions, et la femme est obéissante tout en étant indépendante. En même temps, il y a des passions et des participations à la prise de décision familiale qui ne sont pas courantes.

Trump je suis un salaud

Dans une déclaration bizarre, le président s'est qualifié de bâtard et a déploré que les membres démocrates du Congrès tentent de l'évincer. Dans un discours prononcé vendredi, le président américain Donald Trump s'est décrit comme un bâtard.

S'adressant aux membres de l'équipe sportive d'Elsevier, Trump a invité les joueurs et les entraîneurs de l'équipe à la Maison Blanche et leur a demandé de prendre une photo avec lui au bureau du président.

"Nous prenons des photos derrière le bureau de la présidence", a-t-il déclaré. [Cette table] existe depuis longtemps. "De nombreux présidents [étaient là], certains étaient bons et d'autres pas très bons."

Trump a ajouté: "Mais maintenant vous avez un bon [président] attrapé, même s'ils essaient de destituer ce bâtard, pouvez-vous le croire? "Peux-tu le croire?" Ces remarques, contrairement à la coutume de Trump, ont suscité le rire des personnes présentes à la réunion. Ce n'est pas la première fois que Trump parle avec une littérature très éloignée de celle d'un président. Il avait auparavant qualifié ses rivaux politiques ainsi que les responsables étrangers de désobligeants. Il appelle Hillary Clinton «tricheurs», «Joe Biden», «somnolent», «Michael Bloomberg», «petit Mike», «Chuck Schumer», «Chuck Crying» et «Bernie Sanders» «Crazy Bernie».

Références

1- Benotman, Noman & Malik, Nikita (2016). The Children of Islamic State, London: Quilliam Foundation www.quilliamfoundation.org, retrieved on September 5, 2016.

2-Biden, Joseph R. and Gelbmay, Leslie H. (2006), "Unity Through Autonomy in Iraq," The New York Times, May 1, 2006, http://www.nytimes.com, retrieved on September 1, 2016.

3-Nichols, Michelle (2015), "U.N. Invites Syrian Parties to Geneva Peace Talks in May," April 24, 2015, http://www.reuters.com, retrieved on August 8, 2017.

4- Chmaytelli, Maher & Coles Isable (2016). "Post-Islamic State Iraq Should Be Split in Three," June 16, 2016, http://www.reuters.com, retrieved on September 5, 2016.

5- Ben-Ephraim, Shaiel (2014), "Why ISIS is Actually Good for U.S. Strategy in the Region," www.academia.edu, August 26, 2014, retrieved on August 8, 2017.

6-Dearden, Lizzie (2016), "Isis Training Children of Foreign Fighters to Become 'Next Generation' of Terrorists," July 29, http://www.independent.co.uk, retrieved on September 4, 2016.

7-ESCWA (2014), "UN: Rebuilding Syria, Iraq and Gaza Will Cost $750bn," The United Nations Economic and Social Commission for

Western Asia (ESCWA), https://www.middleeastmonitor.com, September 16, retrieved on October 25, 2017.

8-Giovanni, Janine DI (2014), "Nemesis: The Shadowy Iranian Training Shia Militias in Iraq," November 27, 2014, http://www.newsweek.com, retrieved on August 21, 2016.

9-Javier, E. David (2017), "US-Saudi Arabia Seal Weapons Deal Worth Nearly $110 Billion Immediately, $350 Billion Over 10 Years," https://www.cnbc.com, May 20, 2017, retrieved on September 7, 2017.

10- Middleeasteye (2015), "Kerry: Assad Must Go, But When Is Negotiable," September 19, 205, http://www.middleeasteye.net, retrieved on September 4, 2016.

11-Moore,Jack)2016), "More than 31,000 Pregnant Women Under Islamic State Rule in Iraq and Syria," July 3, www.newsweek.com , retrieved on July 17, 2016.

12- Roberts, Dan (2015), "Iran Could Join Syria Peace Talks after US Drops Longstanding Opposition," October 27, 2017. https:// www. Theguardian.com, retrieved on September 1, 2016.

Printed by Books on Demand GmbH, Norderstedt / Germany